ANIMALES MARINOS

susaeta

Coordinación: Roberto Uriel
Revisión: Isabel López
Diseño gráfico y maquetación: Daniel Pastor y Roberto Uriel
Ilustraciones: Lidia di Blasi
Dirección de arte: Rocío Cuenca
Diseño de cubierta: Roberto Uriel
Preimpresión: Miguel Ángel San Andrés

© SUSAETA EDICIONES S.A.
C/ Campezo, 13 - 28022 Madrid
Tel.: 91 3009100
www.susaeta.com

INTRODUCCIÓN

Los animales marinos son muchos y diversos. La gran variedad de la fauna marina actual es el resultado de un proceso de evolución de más de tres mil millones de años. Existen unas 250.000 especies marinas descritas y cada año se descubren otras 2.000. Peces, moluscos, crustáceos, algunos reptiles y mamíferos... son animales marinos.

En este libro, encontrarás multitud de datos y curiosidades sobre estos animales. Además, también podrás divertirte y aprender con el juego de cartas de preguntas y respuestas que lo acompaña.

SUMARIO

OCÉANO GLACIAL ÁRTICO

N

O

E

S

AMÉRICA
DEL NORTE

OCÉANO
ATLÁNTICO

OCÉANO
PACÍFICO

CENTROAMÉRICA

ÁFRICA

AMÉRICA
DEL SUR

	Superficie en millones de km^2	Profundidad media (m)	Profundidad máxima (m)
Océano Pacífico	165,3	4.282	11.000
Océano Atlántico	82,4	3.926	9.200
Océano Índico	73,4	3.963	7.460
Océano Glacial Ártico	14,1	1.205	4.300
Océano Glacial Antártico	20,3	4.500	7.235

NUESTROS OCÉANOS

La Tierra está bañada por cinco grandes océanos, pero todos están conectados y forman un inmenso ambiente acuático que ocupa **tres cuartas partes de la superficie del planeta**. Origen de la vida, lo habitan organismos colosales y microscópicos, y **rebosa vitalidad** desde la superficie hasta la oscuridad de las profundidades. Todo un mundo que invita a sumergirse en su inmensa belleza.

EUROPA

ASIA

OCÉANO
PACÍFICO

OCÉANO
ÍNDICO

OCEANÍA

OCÉANO GLACIAL ANTÁRTICO

N

O · E

S

Frailecillo

Esturión del
Atlántico

AMÉRICA
DEL NORTE

Tiburón ballena

CENTROAMÉRICA

Tortuga laúd

OCÉANO PACÍFICO

AMÉRICA
DEL SUR

Océano Atlántico

Su nombre procede del dios griego
Atlas. Desde hace 500 años este océano
es la ruta comercial entre América y
Europa. Su **elevado tráfico marítimo**
provoca una contaminación ambiental
y acústica perjudicial para las criaturas
que lo habitan.

Bacalao

Rape costero

OCÉANO
ATLÁNTICO

EUROPA

Morena

Pez ogro

ÁFRICA

Pez víbora

Pez vela

Orca

Tiburón duende

Pez trípode

Ballena yubarta

9

ASIA

Pez víbora
del Pacífico

OCÉANO PACÍFICO

Pez mariposa

Pez globo japonés

Pez escorpión

Serpiente marina

Pez payaso

Almeja gigante

OCEANÍA

N
O   E
S

Pez volador

Pez remo

10

Pulpo gigante

Pelícano pardo

AMÉRICA DEL NORTE

OCÉANO ATLÁNTICO

Gusano gigante

CENTROAMÉRICA

Anchovetas

AMÉRICA DEL SUR

Océano Pacífico

Es el océano más extenso (casi ocupa el 30% de la superficie terrestre) y el de mayor actividad volcánica. En él está la **zona más profunda del planeta: el abismo Challenger**, en la fosa de las Marianas. El navegante Magallanes le dio el nombre de «mar Pacífico» por encontrarlo en aparente calma.

Lobo marino sudamericano

N

O E

S

Barracuda

Pejesapo espinoso

OCÉANO ÍNDICO

Fragata

ÁFRICA

Tiburón martillo

Celacanto

Anguila diente
de flecha

Piquero
enmascarado

Pez luna

Pez piedra

Pez cirujano azul

Tiburón blanco

Pez espada

ASIA

Cocodrilo marino

OCÉANO PACÍFICO

Pez mariposa

Dugongo

OCEANÍA

Océano Índico

Su nombre se debe a que baña las costas de la India. Es el **océano con las aguas más cálidas** y ocupa cerca del 15% de la superficie del planeta. La contaminación de los ríos asiáticos Indo y Ganges amenaza la vida de muchas especies en peligro de extinción y ecosistemas marinos únicos.

Dragón de mar foliado

Charrán ártico

OCÉANO
GLACIAL ÁRTICO

AMÉRICA
DEL NORTE

Foca de
Groenlandia

Bacalao ártico

Oso polar

Foca barbuda

Ballena de
Groenlandia

14

Océano Glacial Ártico

Es el océano más pequeño. Durante el invierno **sus aguas se cubren de hielo (banquisa)**, con un espesor que alcanza 4 o 5 m; en verano este hielo flotante se reduce a la mitad. El calentamiento que sufre el planeta puede provocar la desaparición total del hielo en verano y afectar a su fauna salvaje.

Narval

ASIA

Morsa

Beluga

EUROPA

AMÉRICA
DEL SUR

Págalo pardo

Pingüino barbijo

Medusa antártica

Foca leopardo

Océano Glacial Antártico

Es el único océano que **rodea por completo un continente, la Antártida.** Sobre el agua flotan enormes masas de hielo abastecidas por los glaciares del continente. Los fuertes vientos, grandes olas y temperaturas extremas que caracterizan este océano ponen a prueba a los animales que lo habitan.

Ballena franca

ANTÁRTIDA

Pingüino
emperador

Pingüino de
Adelia

OCÉANO GLACIAL
ANTÁRTICO

OCEANÍA

17

LOS ANIMALES MARINOS

La gran variedad de la fauna marina
actual es el resultado de un proceso de
evolución de más de tres mil millones
de años. Hay unas **250.000 especies
marinas** descritas y cada año se
descubren otras 2.000, por lo que
se necesitarían más de 700 años para
catalogar todas.

Piquero pardo

MAR TROPICAL

Fragata

Peces
Reptiles
Aves
Mamíferos
Moluscos y crustáceos
Otros

Iguana marina

Pez payaso

Tortuga laúd

Tiburón blanco

Las **aves** poseen alas y plumas; los **reptiles**, además de nadar, se arrastran sobre la superficie terrestre; los **peces** tienen aletas en lugar de patas; los **mamíferos** paren sus crías ya formadas y les dan de mamar; y los **moluscos** son animales invertebrados.

MAR POLAR

Albatros viajero

Cormorán

MAR TEMPLADO

Elefante marino

Gaviota argéntea

Orca

Medusa

Raya gigante

Pulpo

Ballena franca

FONDO ABISAL

Pez trípode

Pez hacha

Aves marinas

Entre los animales marinos, también se encuentran las aves. Las aves marinas son aquellas que viven en las **zonas costeras** y que en su mayoría se alimentan principalmente de peces.

Estilos de pesca

Las aves marinas han desarrollado **diferentes estilos de pesca** para poder capturar sus presas en pleno vuelo, sumergiéndose en el agua o simplemente sobrevolando la superficie y pescando los peces voladores que asoman. Algunas incluso son capaces de arrebatarles la comida a otras aves en el aire.

MARES TROPICALES

Son los mares más cálidos de la Tierra, situados en torno al ecuador, que es donde el Sol calienta más. Sus aguas, muy transparentes, tienen una temperatura superior a los 20 °C, lo que permite la formación de **arrecifes de coral**, que albergan una gran diversidad marina de peces de colores.

Un mar de colores

Rojos, amarillos o azules intensos, manchados, rayados o de tonos suaves, los bellos colores de estos peces les ofrecen la posibilidad de llamar la **atención de su pareja, alertar al enemigo** o engañarlo, hacerse notar o **pasar desapercibidos**.

MARES TEMPLADOS

Se localizan **entre los trópicos y las zonas polares**. La temperatura del agua oscila entre los 10 °C y los 20 °C. Sobre los duros sustratos de las costas rocosas de estos mares, se asienta una compleja comunidad de plantas y animales que constituye uno de los ambientes marinos más ricos.

Grandes depredadores

Además de las especies que residen en estos mares, también se pueden encontrar especies migratorias, que se desplazan tanto a aguas más cálidas como a aguas más frías en busca de nuevos recursos. Esta **diversidad animal** hace que sea el escenario ideal para los grandes depredadores.

MARES POLARES

El **Ártico** y el **Antártico** son los dos océanos polares de nuestro planeta. Destacan por la gran cantidad de masa de **agua congelada** que flota en ellos en forma de icebergs y plataformas de hielo. En verano sus aguas son muy ricas en plancton, una fuente de alimento para numerosas especies de peces y mamíferos marinos.

Comida para todos

El krill es un pequeño crustáceo de unos 5 cm que vive en grupos gigantescos de miles de individuos, ¡hasta 30.000 por m³! Debido a su abundancia, es el alimento básico de muchas de las especies animales que viven en estos mares, como peces, focas, ballenas, pingüinos y otras aves marinas.

MANANTIALES HIDROTERMALES

Estas formaciones son grietas que aparecen en los fondos marinos con gran actividad volcánica, por donde penetra el agua de mar. Esta se calienta hasta los 400 °C y asciende por las fisuras fluyendo como una **fuente rica en minerales y gases tóxicos.**

Condiciones extremas

Sobrevivir en este ambiente podría parecer complicado, pero a su alrededor se asienta una comunidad de **extraños seres marinos** gracias a millones de bacterias que, mediante la quimiosíntesis, logran transformar todos esos inconvenientes en alimento para otros seres vivos.

FONDOS ABISALES

La profundidad media de nuestros océanos es de 3.683 metros, lo que hace de las zonas abisales un inmenso hábitat del que solo se ha explorado el 5%. Inmersas en una total oscuridad, fabulosas criaturas viven ocultas en estas tinieblas oceánicas, que constituyen la mayor reserva de vida sobre la Tierra.

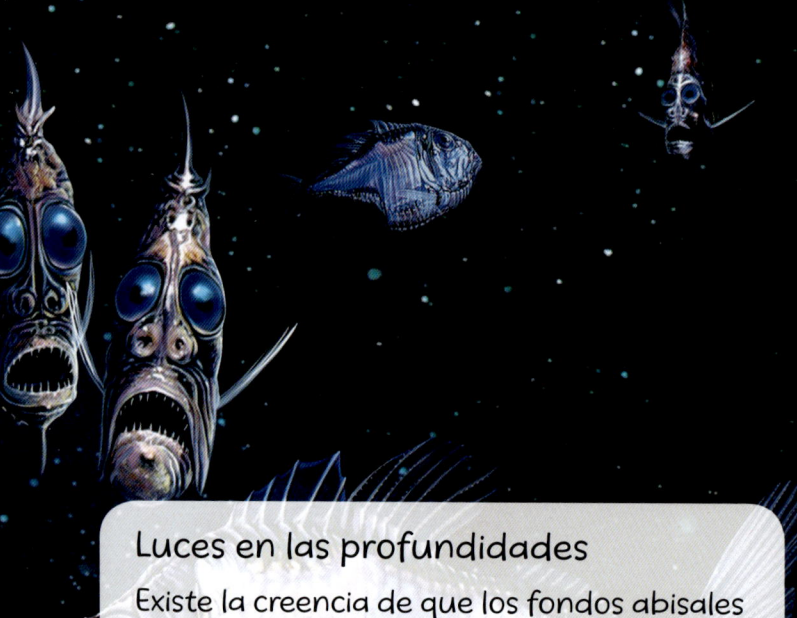

Luces en las profundidades

Existe la creencia de que los fondos abisales son espacios en oscuridad permanente, pero la realidad es otra: millones de luces son emitidas por las criaturas que los habitan, gracias a un proceso químico llamado **bioluminiscencia**.

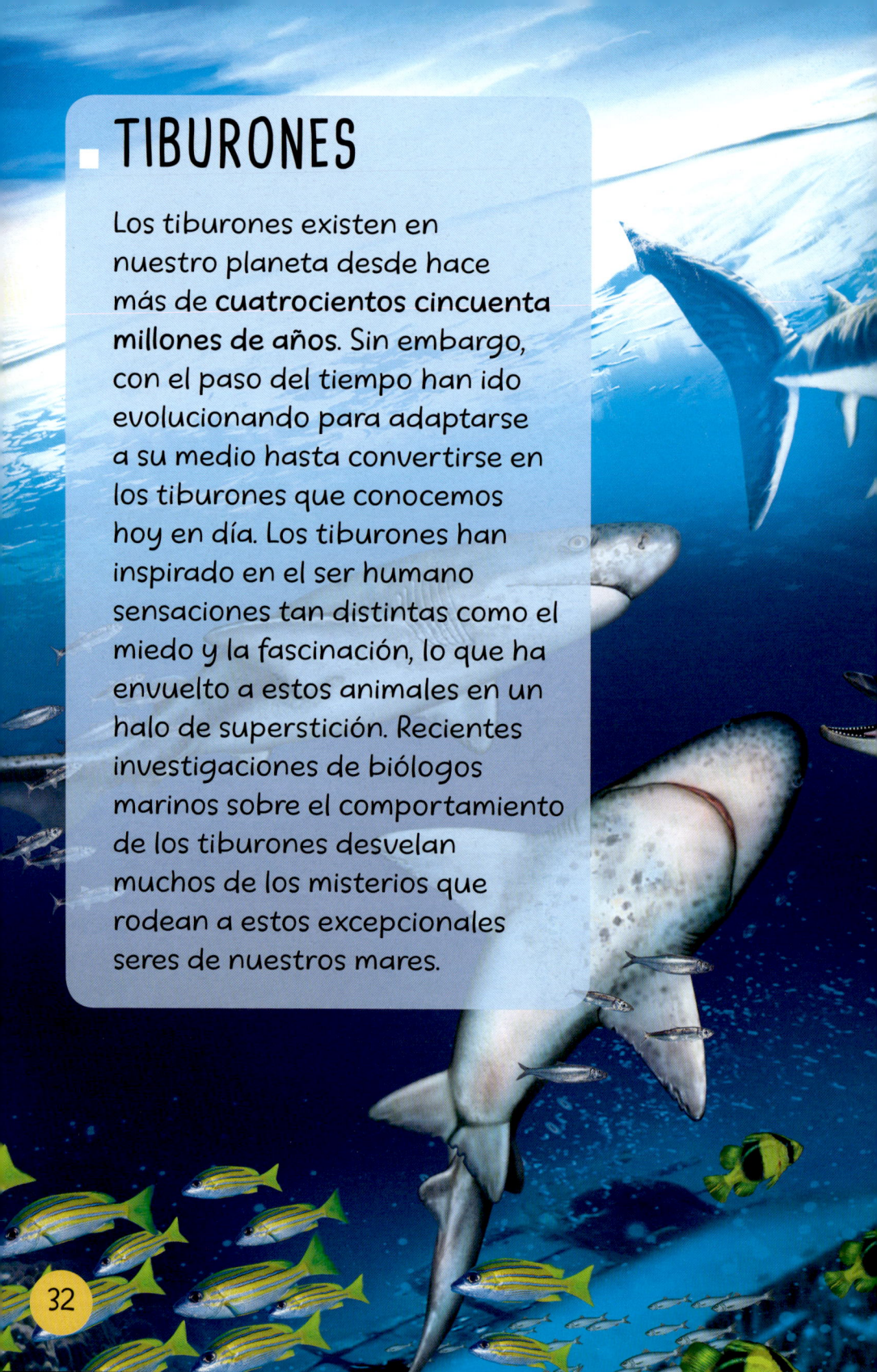

TIBURONES

Los tiburones existen en nuestro planeta desde hace más de **cuatrocientos cincuenta millones de años**. Sin embargo, con el paso del tiempo han ido evolucionando para adaptarse a su medio hasta convertirse en los tiburones que conocemos hoy en día. Los tiburones han inspirado en el ser humano sensaciones tan distintas como el miedo y la fascinación, lo que ha envuelto a estos animales en un halo de superstición. Recientes investigaciones de biólogos marinos sobre el comportamiento de los tiburones desvelan muchos de los misterios que rodean a estos excepcionales seres de nuestros mares.

¿Qué comen?

Son grandes depredadores y, dependiendo de la especie, se alimentan de pequeños peces, de calamares y de presas mayores, como **tortugas, pingüinos o focas**. Otras especies son filtradoras, como el tiburón ballena, que filtra el **plancton** a través de las branquias; también las hay que viven en el fondo y comen por succión, como el tiburón nodriza, que inhala los alimentos por la boca.

Depredadores por naturaleza

El tiburón es **el más temible y extraordinario depredador marino**. Las diferentes adaptaciones le han permitido ser un gran competidor cuando se trata de localizar, cazar y devorar las presas: distintos tamaños, formas variadas del cuerpo y poderosas dentaduras son sus mejores armas.

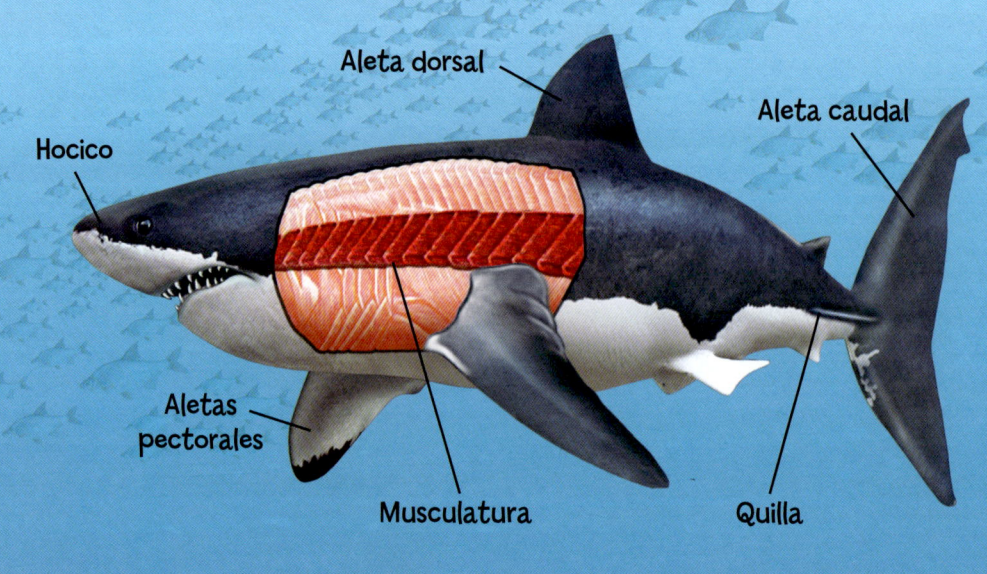

Aleta dorsal

Aleta caudal

Hocico

Aletas pectorales

Musculatura

Quilla

Existen tiburones con **tamaños y formas diferentes**. El aspecto de su cuerpo indica cómo cazan, dónde viven y qué comen.

Gira los ojos hacia dentro para protegerlos y proyecta los dientes superiores hacia fuera.

Depredadores veloces

Algunos tiburones se han especializado en capturar presas atacando desde abajo con gran rapidez. Es el caso de los jaquetones, como el tiburón blanco, y el **marrajo común**, que alcanza en el ataque una **velocidad punta de más de 120 km/h**.

Las aterradoras mandíbulas del **tiburón toro** realizan una de las mordidas más poderosas entre estos depredadores, pues ejerce sobre su presa una presión máxima equivalente a **612 kg de fuerza**.

El tiburón da grandes bocados pero **no puede masticar la comida**. Si captura una presa grande, la sujeta con fuerza entre las mandíbulas y, con movimientos bruscos de la cabeza a un lado y a otro, va arrancando trozos de carne.

Sentidos del tiburón

El cuerpo del tiburón está dotado de **sensores** de varios tipos: químicos, de campos eléctricos, movimiento, sonido, presión; todos trabajan a la vez y envían información al cerebro, alertando de la proximidad de cualquier ser vivo. **La piel como canal de comunicación** adquiere el máximo protagonismo.

Línea lateral
Comparte con los peces la línea lateral, órgano sensorial que recorre su cuerpo por ambos lados. Mediante una red de canales, **perciben cualquier vibración del agua.**

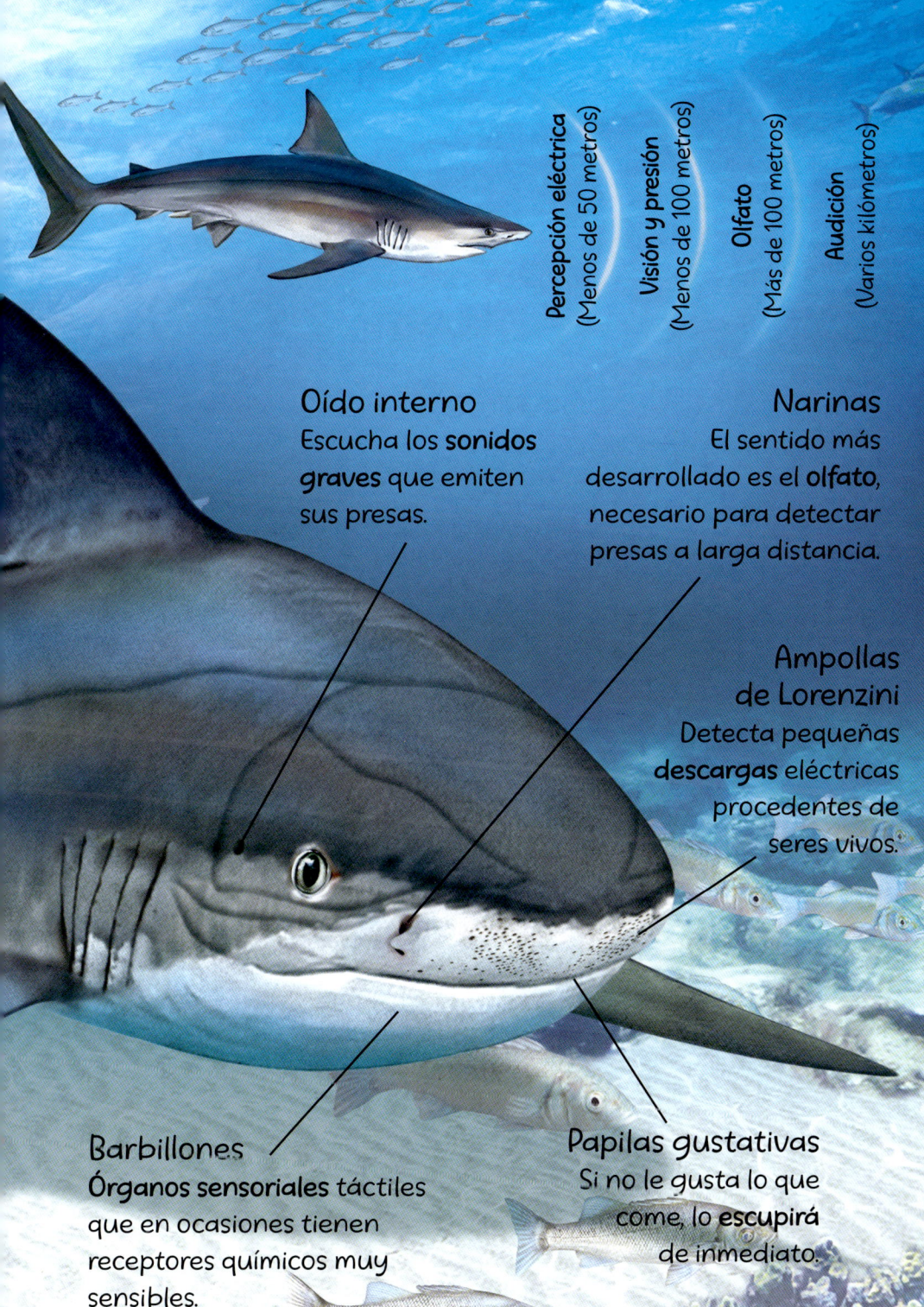

Percepción eléctrica
(Menos de 50 metros)

Visión y presión
(Menos de 100 metros)

Olfato
(Más de 100 metros)

Audición
(Varios kilómetros)

Oído interno
Escucha los **sonidos graves** que emiten sus presas.

Narinas
El sentido más desarrollado es el **olfato**, necesario para detectar presas a larga distancia.

Ampollas de Lorenzini
Detecta pequeñas **descargas** eléctricas procedentes de seres vivos.

Barbillones
Órganos sensoriales táctiles que en ocasiones tienen receptores químicos muy sensibles.

Papilas gustativas
Si no le gusta lo que come, lo **escupirá** de inmediato.

Sin huesos ni espinas

La particularidad más notable de la anatomía de los tiburones es la **ausencia total de huesos y espinas** en su esqueleto. Formado este exclusivamente por cartílago, puede endurecerse más o menos (calcificación), pero nunca convertirse en hueso (osificación).

El cuerpo de los tiburones, **apenas modificado desde hace millones de años**, está compuesto por la cabeza, el tronco y la cola.

Piel y ojos muy especiales

Los tiburones tienen una **piel muy fuerte y áspera**, cubierta por pequeñas placas duras, llamadas «**dentículos**», con formas muy variadas —planas, puntiagudas, ganchudas o con crestas—, que protegen su cuerpo y le permiten nadar con mayor rapidez. Los tiburones **no pueden cerrar los párpados**, pero algunos lo consiguen gracias a una membrana nictitante, con la que se protegen los ojos al atacar a sus presas.

Mandíbulas de tiburón vaca

Los **dientes cortadores, aserrados y afilados**, situados en las mandíbulas superior e inferior, son apropiados para desgarrar las presas.

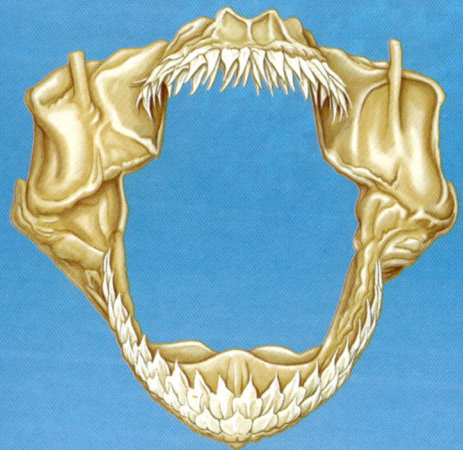

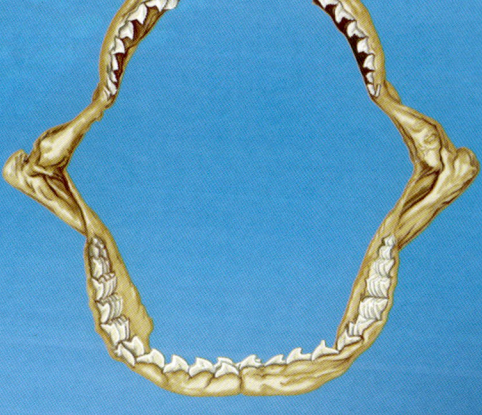

Mandíbulas de tiburón perro

Los numerosos **dientes perforadores** de la mandíbula superior sirven para sujetar con firmeza los animales capturados.

Mandíbulas de tiburón tigre

Cuando una fila de dientes se desgasta, **surge una nueva fila**. Estos dientes tardan en caerse entre días y meses, según la especie.

Tiburón blanco

El gran tiburón blanco **existe desde el Mioceno**. Los fósiles más antiguos conocidos datan de hace unos dieciséis millones de años aproximadamente. La hipótesis original sobre sus orígenes es que comparte un ancestro común con un tiburón prehistórico, **el megalodón**. Las similitudes entre los restos físicos y el tamaño de ambos llevó a muchos científicos a creer que estos tiburones estaban estrechamente relacionados. Sin embargo, una nueva hipótesis propone que el megalodón y el tiburón blanco son parientes lejanos. Se caracterizan por su cuerpo fusiforme y su gran robustez, en contraste con las formas aplastadas que tienen otros tiburones. **El morro es cónico, corto y grueso**. La boca, muy grande y redondeada, con forma de arco, permanece siempre entreabierta.

Tiene un **cuerpo aerodinámico** y una enorme **boca, de incluso más de 70 cm de ancho**, con afilados dientes de bordes aserrados que pueden alcanzar los 7 cm. Los ataques a humanos son escasos y suelen deberse a que los confunde con alguna de sus presas, como las focas.

Megalodón

Significa 'diente gigante', pues **sus dientes superaban los 17,5 cm de largo**. Vivió en el Mioceno-Plioceno (hace aproximadamente de 20 a 2,6 millones de años). El megalodón era **muy similar al tiburón blanco, pero con un tamaño dos veces superior** y unos dientes el triple de grandes. Se enfrentó a la competencia de los cetáceos comedores de ballenas. Como prefería las aguas más cálidas, se cree que el enfriamiento oceánico asociado con el inicio de las edades de hielo, junto con la disminución de los niveles del mar y la pérdida de áreas de cría adecuadas, pudo haber contribuido a su desaparición.

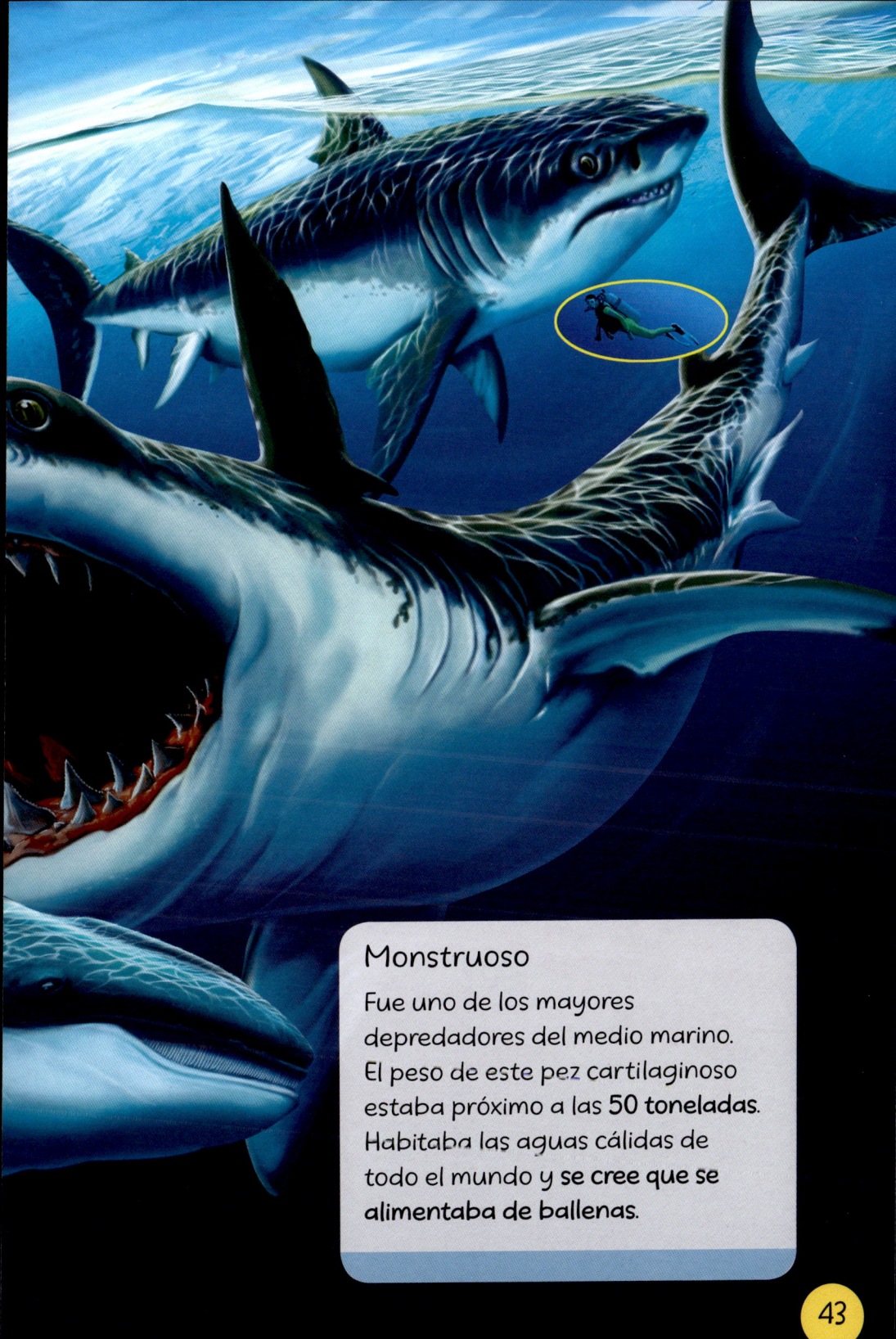

Monstruoso

Fue uno de los mayores
depredadores del medio marino.
El peso de este pez cartilaginoso
estaba próximo a las **50 toneladas**.
Habitaba las aguas cálidas de
todo el mundo y **se cree que se
alimentaba de ballenas.**

CURIOSIDADES DE LOS TIBURONES

Los tiburones **son los grandes conquistadores** de los océanos y siempre han asombrado al ser humano por su naturaleza extraordinaria. Algunos son atletas excepcionales (velocistas, saltadores); otros son muy longevos; los hay de enorme tamaño y con hábitos para todos los gustos.

Fuera del agua

Lo habitual es que el tiburón blanco dé saltos de **hasta 3 m sobre la superficie del mar**, pero se ha llegado a registrar un salto de 4,5 metros.

Tiburón atacando
a un pez espada

El marrajo común también ha conseguido otro récord: cuando ataca a una presa rápida puede alcanzar por unos instantes una **velocidad punta de más de 124 km/h**; todo un récord entre los tiburones.

Colaboración con los humanos

Se acostumbra al tiburón de arrecife a que se alimente del pez león, especie invasora que está acabando con las especies autóctonas de los **arrecifes de coral**. Así, el ser humano y el tiburón colaboran en la **reconstrucción de este medio natural**.

Adaptación

El tiburón del Ganges, el tiburón sarda y el tiburón lanza son especies adaptadas a **vivir en agua dulce** o capaces de **remontar los ríos** hasta más de 3.000 km de su desembocadura.

Todo se aprovecha

Los diferentes productos extraídos del cuerpo del tiburón nos han proporcionado un sustancioso mercado orientado al consumo: los **ojos**, para trasplantes de córnea; el **cartílago**, para tratamiento de quemaduras; las **mandíbulas y dientes**, en joyería, objetos de recuerdo y armas; el **hígado**, para obtención de vitaminas, lubricantes; la **sangre**, como anticoagulante; la **carne**, para consumo humano, etc.

Temidos y amenazados

Es un **falso mito** acusar a los tiburones de ser **terribles asesinos marinos** y devoradores de personas. De hecho, el ser humano, más que una víctima, es su mayor amenaza; las múltiples capturas indiscriminadas de tiburones están llevando a muchas especies **al borde de la extinción**.

¿Son sus presas los humanos?

Por supuesto que no. **Las pérdidas humanas** por ataques de tiburones **son muy escasas**, si se considera los millones de personas relacionadas con el mar (bañistas, surfistas, pescadores…) y la gran diversidad y abundancia de tiburones que existen.

Los surfistas son los más atacados

Probablemente confundan su silueta con la de una **foca o león marino**. Donde más ataques se producen es en las costas de Estados Unidos, Sudáfrica y Australia.

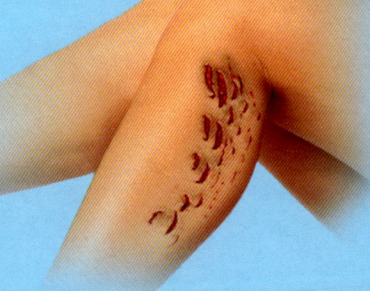

Tres especies de tiburones son las responsables de los escasos ataques a humanos: **los tiburones blanco, tigre y toro.** Pueden causar graves heridas y, ocasionalmente, la muerte.

Abastecimiento de aletas de tiburón al mercado de Hong Kong

(Fuente: Censos y estadísticas del Departamento de Hong Kong, 2012).

ASIA

EUROPA   Hong Kong

España

Taiwán   Japón

Estados Unidos

México

Emiratos Árabes

Senegal

ÁFRICA   Yemen   Singapur

Indonesia

OCEANÍA

Costa Rica

Perú   Brasil

Ecuador

- Asia
- Europa
- América del Sur
- África
- América del Norte
- Oceanía

Unos **10 millones de kilos de aletas** de tiburón llegan al año a Hong Kong. Lo terrible es que este desmedido comercio está legalizado. España es el tercer país del mundo en capturas.

Por cada persona muerta por un tiburón, **el ser humano mata unos dos millones de tiburones**. La desproporción es evidente. Se estima que la pesca comercial causa la muerte de entre 63 y 273 millones de tiburones al año.

¿CÓMO SE FORMARON LOS OCÉANOS?

Se cree que los océanos se pudieron formar hace más de **4.000 millones de años**, poco después del nacimiento de la Tierra. El agua, durante el proceso de formación del planeta, se concentró bajo la superficie terrestre. La intensa actividad volcánica facilitó la emisión de vapor de agua a la atmósfera, que, con el enfriamiento del planeta, se condensó formando espesas masas de nubes y tormentas. Las intensas y permanentes lluvias fueron llenando de agua los terrenos más bajos, dando origen a los océanos.

¿Por qué el mar es salado?

La salinidad del mar fue el resultado de estos dos procesos: la **disolución de las rocas** debida a las intensas lluvias, los ríos caudalosos y las fuertes mareas, y la **concentración de sales** a causa de las frecuentes erupciones volcánicas submarinas y terrestres. En la actualidad, el mar contiene unos 35 gramos de sales por cada litro de agua.

FORMACIÓN DE LOS OCÉANOS

Pérmico (hace de 299 a 251 millones de años)
Todas las tierras emergidas forman un único continente
o **Pangea** y un único océano, llamado **Pantalasa**.

Triásico (hace de 251 a 201 millones de años)
Pangea se divide en dos grandes masas continentales:
Laurasia al norte y **Gondwana** al sur. Entre las dos se forma
el **mar de Tetis**, antecesor del Mediterráneo.

Jurásico (hace de 201 a 145 millones de años)
La India, separada del supercontinente, se desplaza hacia
el norte. Se forman los **océanos Índico y Atlántico norte**.
América del Sur y África comienzan a separarse.

Cretácico (hace de 145 a 66 millones de años)
Crece el **Atlántico sur**, Madagascar se separa de África,
la India choca con Asia y Australia comienza
a separarse de la Antártida.

Actualidad
Australia sigue desplazándose hacia el norte.
El océano Atlántico y el Índico continúan creciendo,
y el Mediterráneo tiende a desaparecer.

En el mar nació la vida

De los estudios realizados se desprende que hace unos
3.800 millones de años las condiciones de los océanos
eran las adecuadas para la aparición de las primeras
células vivas. Trescientos millones de años después
surgieron en el mar **las algas y los estromatolitos**
(colonias bacterianas), que gracias a su capacidad para
realizar la fotosíntesis enriquecieron la atmósfera de
oxígeno.
Desde entonces hasta la actualidad, se han sucedido
periodos en los que los mares rebosaban vida y otros en
que ocurrieron grandes extinciones en masa.

El fósil más pequeño

Los fósiles más antiguos conocidos, datados en unos 2.000 millones de años, son de origen marino y corresponden a **células perfectamente conservadas**, procedentes de un yacimiento de Canadá.

Los seres vivos más antiguos de la Tierra

Los estromatolitos son los organismos vivos más antiguos de la Tierra. Su aspecto peculiar es el resultado de formaciones coloniales de un tipo de bacterias, las **cianobacterias**. Actualmente viven en ambientes marinos templados en zonas muy concretas del planeta.

Cronología del Medio Marino

(M.A. = millones de años)

CRIPTOZOICO 4.500–540 M.A.

4.500 M.A.   4.000 M.A.

Primeras moléculas
orgánicas

EDIACÁRICO	CÁMBRICO

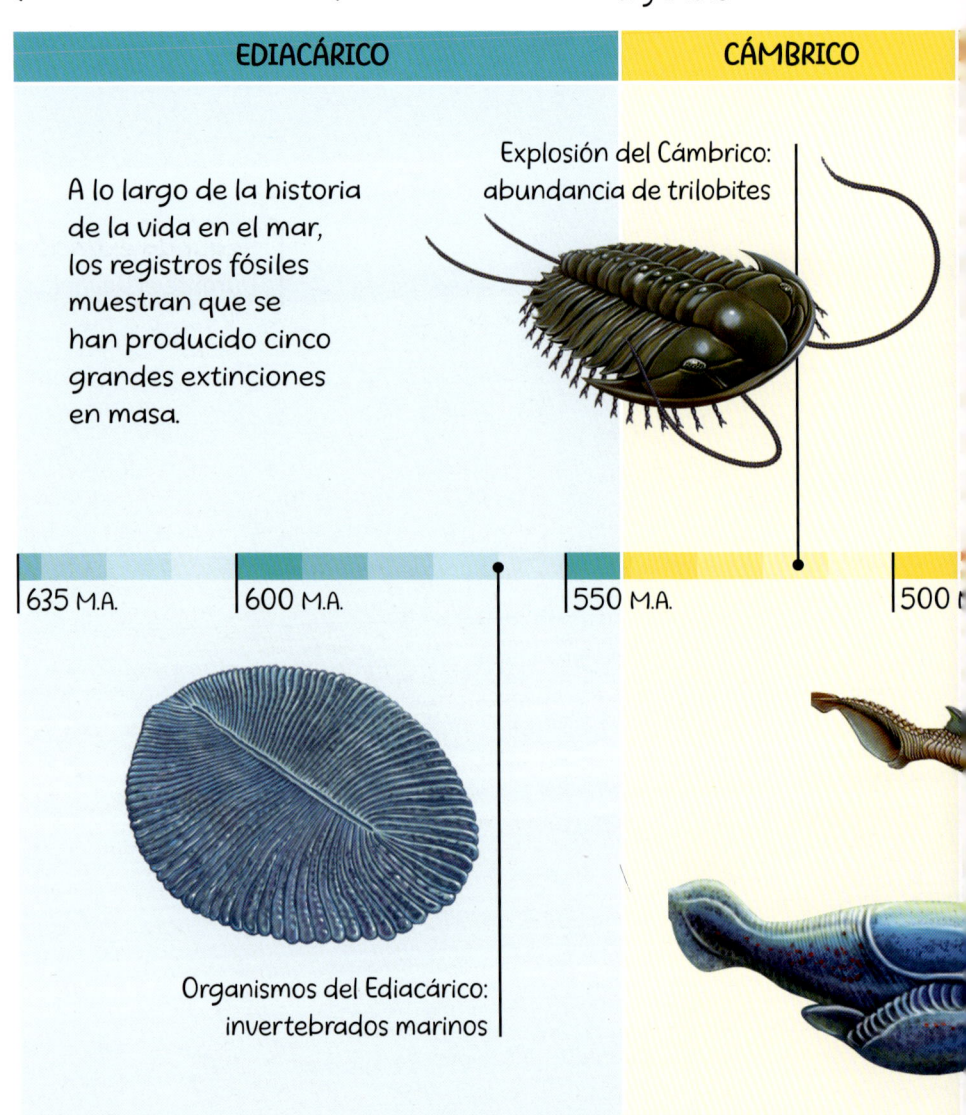

A lo largo de la historia de la vida en el mar, los registros fósiles muestran que se han producido cinco grandes extinciones en masa.

Explosión del Cámbrico: abundancia de trilobites

635 M.A.   600 M.A.   550 M.A.   500

Organismos del Ediacárico: invertebrados marinos

3.500 M.A.

Aparición de los
estromatolitos

3.000 M.A.

| ORDOVÍCICO | SILÚRICO | DEVÓNICO | CARBONÍFERO |

① **Primera extinción:**
A principios del
Silúrico, con
la aparición
de muchos
invertebrados
marinos

② **Segunda extinción:**
Durante el Devónico,
con la pérdida de
muchas especies de
diversos grupos
de animales, como
corales, esponjas y
peces

450 M.A.

400 M.A.

350 M.A.

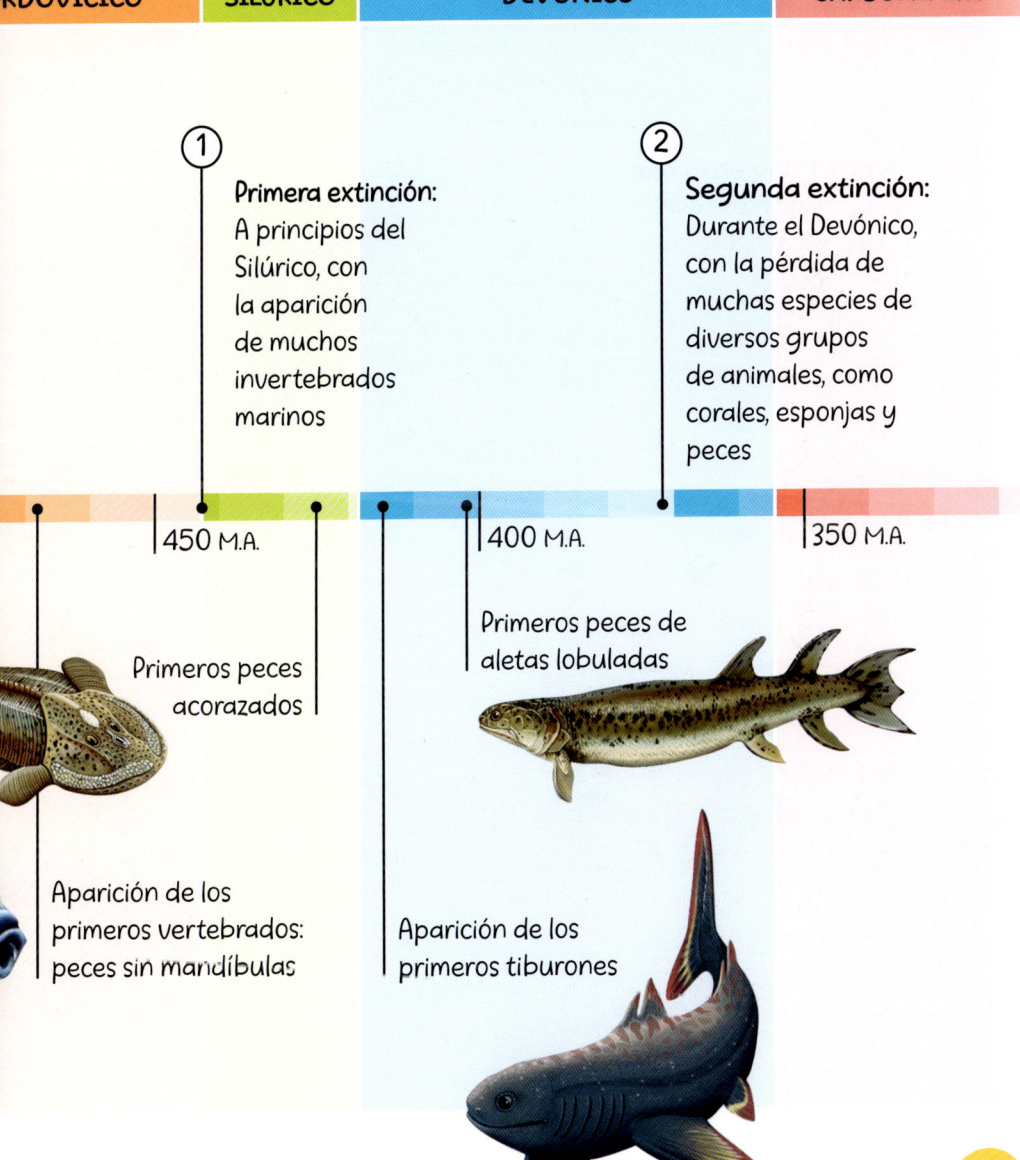

Primeros peces
acorazados

Primeros peces de
aletas lobuladas

Aparición de los
primeros vertebrados:
peces sin mandíbulas

Aparición de los
primeros tiburones

2.500 M.A.

Aparición de los primeros
fósiles (células)

2.000 M.A.

Aparición de las algas
pluricelulares

1.500 M.A.

PÉRMICO	TRIÁSICO	JURÁSICO

③

Tercera extinción:
A finales del Pérmico,
con la extinción de
más de la mitad
de los organismos
marinos

④

Cuarta extinción:
A finales del Triásico,
con una importante
disminución de un
grupo de moluscos
muy diversificado:
los amonites

300 M.A.

250 M.A.

200 M.A.

Primeros ictiosaurios

Aparición de los
plesiosaurios

Aparición de los reptiles
marinos primitivos

1.000 M.A.

635 M.A.

Aparición de los primeros
animales pluricelulares

CUATERNARIO

CRETÁCICO

PALEOGENO

NEOGENO

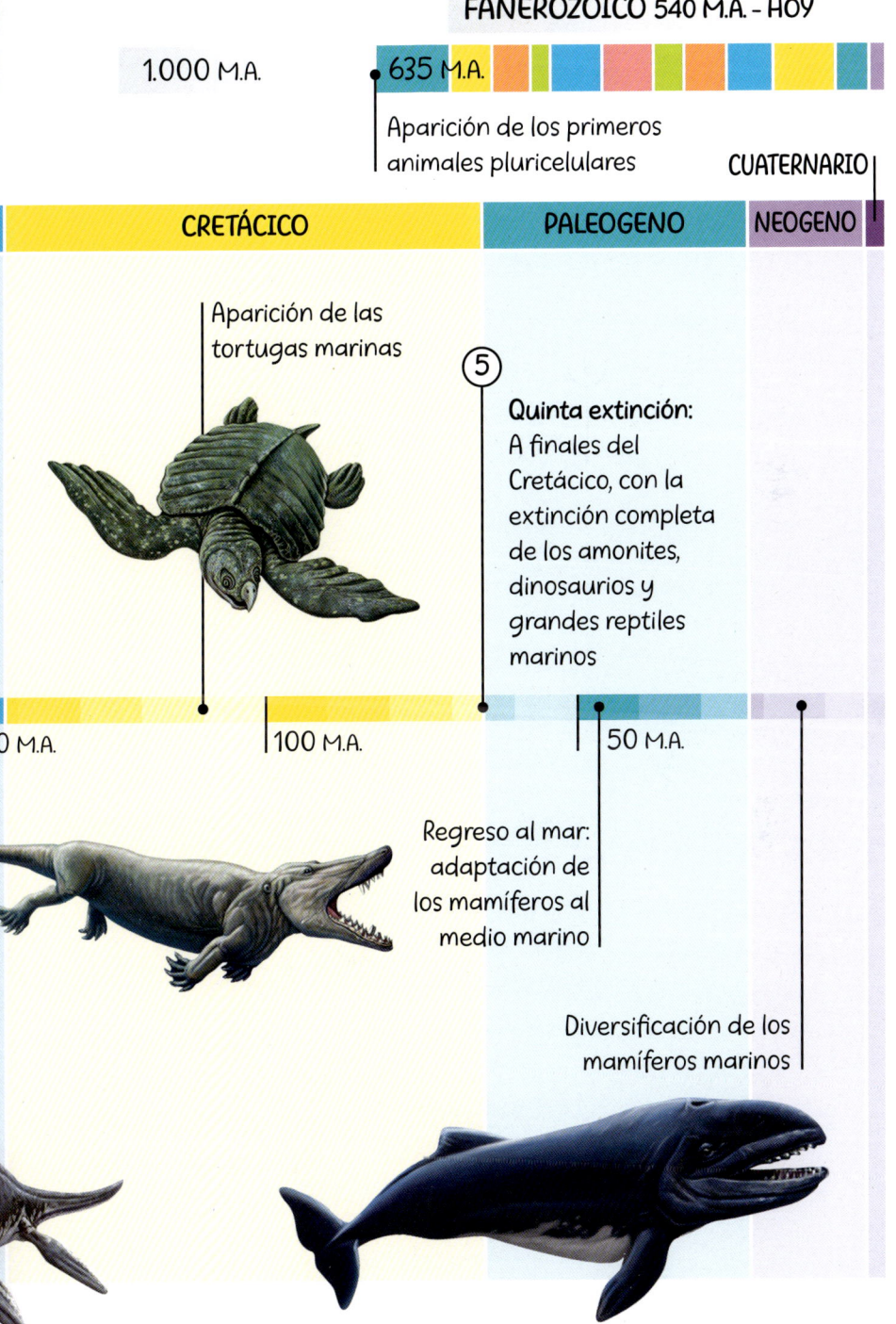

Aparición de las
tortugas marinas

⑤

Quinta extinción:
A finales del
Cretácico, con la
extinción completa
de los amonites,
dinosaurios y
grandes reptiles
marinos

0 M.A.

100 M.A.

50 M.A.

Regreso al mar:
adaptación de
los mamíferos al
medio marino

Diversificación de los
mamíferos marinos

PREHISTÓRICOS DEL MAR

El hecho de considerar que la vida en nuestro planeta surgió en el mar hace muchos millones de años y que buena parte de su evolución tuvo lugar bajo el agua es consecuencia de que, entre los seres prehistóricos marinos que se conocen, encontramos una **extraordinaria variedad de formas de vida**.

Reptiles acuáticos

En la misma época en la que los dinosaurios dominaban la Tierra otros animales eran los reyes de los océanos: los reptiles acuáticos. Al principio estos animales tenían cuatro patas, como otros reptiles, pero con el tiempo **fueron evolucionando para adaptarse a la vida marina** y su aspecto acabó siendo muy similar al de los peces actuales.

EL CAMBIO CLIMÁTICO EN LOS OCÉANOS

En los últimos 200 años, la desmedida actividad humana está provocando cambios en el clima. Sus efectos se notan ya en el océano, al alterar los procesos que permiten el desarrollo de la vida. Hasta ahora los cambios climáticos naturales que ha experimentado la Tierra duraban miles o millones de años, pero el calentamiento actual se ha producido en tan poco tiempo que no sabemos cuáles serán sus consecuencias.

Nuevas vías marítimas

Calentamiento del mar

Océanos menos oxigenados

Blanqueamiento del coral

Acidificación del agua

Contaminación

Migración de especies marinas

Deshielo del Ártico

Nuevas explotaciones de gas y petróleo

Subida del nivel del mar

Problemas de reproducción

Fractura de la placa de hielo de la Antártida

LA CONTAMINACIÓN DE LOS OCÉANOS

Durante siglos, al ser humano no le ha preocupado la basura de los océanos, pensando que esta inmensa cantidad de agua nunca se vería afectada. Sin embargo, a partir del desarrollo industrial, asociado al de la agricultura y la ganadería, **el mar se ha convertido en el gran vertedero** del planeta. Hay que actuar con urgencia o esta situación será irreversible.

Tipos de contaminación

Existen tres tipos de contaminación que afectan al medio marino: la contaminación por **residuos sólidos** (objetos de uso cotidiano, en su mayoría plásticos), la **contaminación acústica** (ruido generado por el transporte marítimo a motor) y la contaminación por **residuos líquidos** (por ejemplo, el petróleo y las aguas residuales de los barcos).

Aún estamos a tiempo

Está en nuestra mano **preservar el medio marino** y a los animales que lo habitan. Tenemos que colaborar para aliviar la presión sobre nuestros océanos reduciendo las **emisiones de CO^2**, utilizar **menos plásticos** y hacer un **uso responsable de los recursos naturales**.